ضرب المثل های دری افغانستان

Proverbe afgane ilustrate

Culese și traduse în engleză de

Edward Zellem
ادوارد زالم

Traduse în limba română de
Simion Doru Cristea
și Maria João Coutinho

Ilustrate de

Elevii Liceului Marefat
Kabul, Afganistan

Pentru copiii din
Afganistan și România

Dedicație

Această carte este dedicată cu respect
poporului din Afganistan
și celor care au colaborat cu el
la aducerea unei păci și siguranțe trainice.

اهداء

این کتاب، با کمال احترام، به مردم افغانستان و آنهایی
که همراه با آنان برای تأمین صلح و امنیت پایدار تلاش
می‌کنند، اهدا می‌گردد.

Cum spune proverbul:

چنانچه این ضرب‌المثل می‌گوید:

کوه هر قدر بلند باشد،
سر خود راه دارد.

Koh har qadar beland baashad,
sar-e khod raah daarad.

**Chiar dacă muntele este foarte înalt,
tot există o cărare spre culme.**

Despre limba dari

نکته هایی درباره ی زبان دری

- ➢ Dari este una din cele două limbi oficiale din Afganistan. Cealaltă este pașto.

- ➢ Dari este limba oficială folosită în afaceri și de guvernul din Afganistan.

- ➢ Dari este o limbă foarte veche și respectată. Unii au denumit-o "limba regilor".

- ➢ Mulți oameni cred că dari este o formă mai veche a persanei farsi, cea mai importantă limbă din Iran, pentru că cele două limbi prezintă multe asemănări.

- ➢ În alfabetul dari există 32 de litere. 28 dintre ele sunt aceleași ca și în alfabetul arab. Celelalte patru litere sunt folosite pentru sunetele proprii acestei limbi, ce nu există în limba arabă.

- ➢ În limba dari se scrie de la dreapta spre stânga. Nu există majuscule și minuscule. Formele literelor din dari se pot schimba în funcție de locul pe care îl ocupă în cuvânt.

Despre Afganistan

درباره ی افغانستان

Afganistanul este o țară frumoasă și interesantă. Este un ținut străvechi situat la răscruce între Asia de Sud și Asia Centrală.

Este vestit pentru munții lui înalți și iernile friguroase, însă unele regiuni din Afganistan sunt foarte plane și uscate.

Ca suprafață, Afganistanul este de aproape aceeași mărime cu Franța. Are 30 de milioane de locuitori cu multe grupări entice și diferite triburi. Cele mai mari grupări etnice sunt Paștuns, Tajiks, Hazaras and Uzbeks. Aproape toți afganii sunt musulmani.

Multe familii afgane sunt asemenea familiilor din alte locuri ale lumii. Ei își doresc o țară în care să se simtă în siguranță și în pace, unde copiii lor să poată crește, să se joace, să învețe și să fie fericiți.

AFGHANISTAN

Administrative Divisions

UZBEKISTAN

★ DUSHANBE

TAJIKISTAN

CHINA

TURKMENISTAN

Faizābād

BADAKHSHĀN

JOWZJAN
Shibirghān

Mazār-e
Sharīf

KUNDUZ
Kunduz

Tāloqān

TAKHĀR

BALKH

Aibak

FĀRYĀB

Sar-e
Pul

SAMANGĀN

BAGHLĀN

Maimanah

Pul-e
Khumri

PANJSHIR

SAR-E PUL

Pārūn

BĀDGHĪS

NŪRISTĀN

Qal'ah-ye Now

Bāzārak

Bāmyān

Chārīkar

Mahmūd-e
Rāqī

Asadābād

Herāt

BĀMYĀN

PARWĀN

KAPISA

KUNAR

1972 Line of Control

Chaghcharān

Mehtar Lām

HERĀT

KĀBUL

KABUL

LAGHMĀN

GHŌR

★ KĀBUL

WARDAK

Maidān
Shahr

Jalālābād

IRAN

Nīlī

LŌGAR

NANGARHĀR

DĀYKUNDĪ

Pul-e 'Alam

ISLAMABAD ★

INDIA

Ghazni

PAKTIYĀ

Gardēz

Khōst

GHAZNĪ

KHŌST

Tārin
Kot

URUZGĀN

Khōst

Farāh

Sharan

FARĀH

PAKTĪKĀ

ZĀBUL

Qalāt

PAKISTAN

Lashkar
Gāh

Kandahār

HELMAND

KANDAHĀR

Zaranj

NĪMRŌZ

	International boundary
	Province (welāyat) boundary
★	National capital
⊚	Province (welāyat) capital

Afghanistan has 34 provinces (welāyats)

0   50   100   150 Kilometers
0   50   100   150 Miles

Scale 1:6,900,000

*Dilaram District is reported to be administered from Farah Province, but the Government of Afghanistan does not recognize its existence.

Boundary representation is not necessarily authoritative.

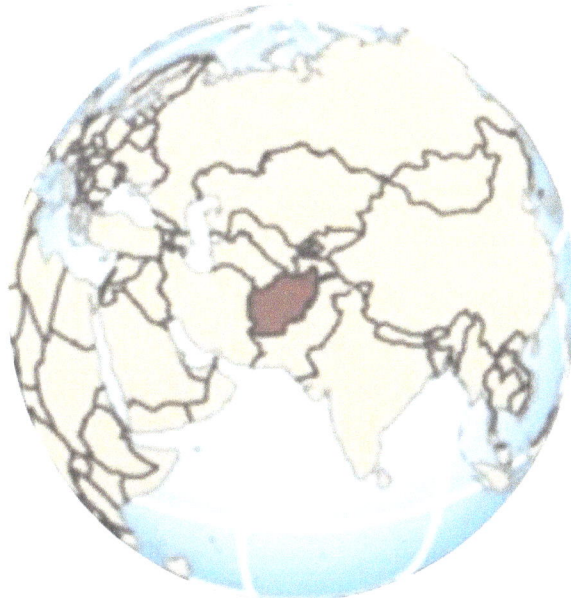

Ghid de pronunțare fonetică
رهنمای تلفظ

- "kh" este sunetul "c" combinat cu sunetul "h", produs în fundul gâtului, un "h" ce începe cu "c".

- "oy" rimează cu interjecția ardelenească deschisă "ioi".

- "e" adăugat la sfârșitul cuvântului sună ca "ei", din "femei".

- "r" este un sunet vibrator puternic "r" făcut cu vârful limbii, ca în limba română în "rapid".

- "ey/ay" rimează cu "hamei".

- "mey" sunete precum "mei" cu un "i" ecou, foarte slab ca în pluralul masculin românesc.

- "gh" este un sunet "g" combinat cu un sunet "h", produs în fundul gâtului, un "h" ce începe cu "g".

- "aa" sună ca "o," ca în "ogar".

- "q" este un sunet "c" combinat cu sunetul "h" pronunțat ușor, produs în fundul gâtului.

Alfabetul dari

الفبا دری

ث	ت	پ	ب	ا
sey (s)	tey (t)	pey (p)	bey (b)	alef (a)

د	خ	ح	چ	ج
daal (d)	khey (kh)	hey (h)	chey (ch)	jeem (j)

س	ژ	ز	ر	ذ
seen (s)	zhey (zh)	zey (z)	rey (r)	zaal (z)

ظ	ط	ض	ص	ش
zoy (z)	toy (t)	zuwat (z)	suwat (s)	sheen (ş)

ک	ق	ف	غ	ع
kaaf (k)	qaaf (c)	fey (f)	ghayn (gh)	eyn (e)

و	ن	م	ل	گ
wow (w)	noon (n)	meem (m)	laam (l)	gaaf (g)

ی	ﻩ
yaa (y)	hey (h sau aa)

فرصت

Forsat

Ocazie

ماهی را هر وقت از آب
بگیری، تازه است.

Maahee-raa har waqt az
aab biggeree, taaza ast.

Când scoți un pește din apă,
el este întotdeauna proaspăt.

Înțelesul proverbului:
Nu este niciodată prea târziu să
încerci ceva nou.
Când începi ceva, experimentezi
întotdeauna un nou început.

Proverbe românești:
„Asta-i altă mâncare de pește."
„Hora nu ține tot balul, mai sunt și alte jocuri."

قدر دانی

Qadr-danee

Recunoștință

كفش كهنه در بيابان نعمت است.

Kafsh-e kohna dar beyaabaan neamat ast.

Sandalele vechi în deșert sunt o binecuvântare.

Înțelesul proverbului:
Chiar dacă ceva este vechi sau modest, este valoros dacă îți este de folos și îți satisface nevoile.
Fii recunoscător pentru ceea ce ai, căci astfel vei primi chiar ceea ce-ți lipsește.

Proverbe românești:
„Capra e vaca săracului."
„Ferice de cel ce se mulțumește cu puținul ce-l are."

موفق

Mowafaq

Succes

کوه هر قدر بلند باشد،
سر خود راه دارد.

Koh har qadar beland baashad,
sar-e khod raah daarad.

Chiar dacă muntele este foarte înalt,
tot există o cărare spre culme.

Înțelesul proverbului:
Nimic nu este imposibil.
Există întotdeauna o soluție,
o cale de rezolvare.

Proverbe românești:
„Cel ce rătăcește drumul îi bucuros și de cărare."
„Descurcă îndoiala și vei cunoaște adevărul."
„La vale lesne aluneci, iar în sus anevoie urci."

تحصیل

Tahseel

Educație

ز گهواره تا گور
دانش بجوی.

Ze gahwaara taa guhr, daanesh bejoye.

**Caută învățătura
de la leagăn la mormânt.**

Înțelesul proverbului:
Niciodată nu încetezi să înveți,
fie că ești tânăr sau bătrân.

Proverb românesc:
„Omul cât trăiește învață și tot
neînvățat moare."

قوی

Qa-wee

Puternic

صد زدن زرگر،
یک زدن آهنگر.

Sad zadan-e zar-gar,
yak zadan-e aahan-gar.

O sută de lovituri de aurar,
o singură lovitură de fierar.

Înțelesul proverbului:
Este mai bine să faci hotărât și
puternic o dată pentru a termina ceea
ce ai de făcut, în loc să faci repede
și de multe ori.

Proverbe românești:
„Rana dogarului în capul ciocanului."
„Măsoară de zece ori și o dată taie."

برابری

Baraa-baree

Egalitate

همه را به یک
چشم نگاه کنید.

*Hama-raa ba yak chashm
negaah kuneed.*

**Fiecare trebuie să fie privit
cu aceiași ochi.**

Înțelesul proverbului:
Trebuie să-l tratăm pe fiecare în mod
egal, fără a face o discriminare
religioasă, rasială, sexuală, după
culoarea pielii, origine sau naționalitate.

Proverbe românești:
„Nu judeca după înfățișare."
„Întâi judecă-te pe tine însuți și apoi
judecă pe altul."
„Nu judeca, ca să nu fii judecat."

شخصيت

Shakh-seeyat

Caracter

نمد سیاه به شستن
سفید نمی‌شود.

Namad-e see-ya ba shustan
safed na-mey-shawad.

Covorul negru
nu poate deveni alb prin spălare.

Înțelesul proverbului:
Dacă un om este rău de la natură,
el nu poate deveni cu ușurință bun.
Nu este ușor să aduci un om rău pe
drumul cel bun.

Proverb românesc:
„Lupul își schimbă părul,
dar năravul ba."

آفریننده

Aa-fareen-enda

Creativitate

ضرورت مادر ایجاد است.

Zaroorat maadar-e ejaad ast.

Nevoia este mama invenției.

Înțelesul proverbului:
Oamenii sunt de obicei creativi și inventivi când au nevoie de ceva.

Proverbe românești:
„Nevoia e mama născocirilor."
„Omul, dând peste nevoie,
multe face fără voie."

تحمل

Tah-mal

Toleranță

عیسی به دین خود،
موسی به دین خود.

Isa ba deen-e khod,
Mousa ba deen-e khod.

Iisus cu religia sa,
și Moise cu a lui.

Înțelesul proverbului:
Toate neamurile au dreptul să aleagă
ce fac, gândesc sau simt.
Fiecare ar trebui să respecte și să fie
tolerant cu religiile, credințele
și părerile celorlalți.

Proverb românesc:
„Cine-ntr-altă lege sare,
nici un Dumnezeu nu are."

تزوير

Tazweer

Înșelăciune

بار کج به منزل نمی‌رسد.

Baar-e kaj ba manzel na-mey-rasad.

Încărcătura înclinată nu ajunge la destinație.

Înțelesul proverbului:
Faptele rele întotdeauna pierd pe când cele bune întotdeauna înving în cele din urmă.

Notă: Acest proverb se referă la fabula dari despre o vulpe căreia îi plăcea să facă glume. Vulpea a păcălit pe gâscă dându-i o farfurie de supă, știind că ea nu pote mânca din cauza ciocului ei lung.
În ziua următoare, gâscă îi dădu vulpii supa într-un ulcior adânc. Vulpea nu a putut-o mânca pentru că botul ei scurt nu intra în ulcior.
Astfel gâsca a râs în cele din urmă.

Proverb românesc:
„Cine râde la urmă râde mai bine."

ابله

Abla

Prostesc

با هر چیز بازی،
با ریش بابا هم بازی.

Baa har-cheez baazi,
baa reesh-e baa-baa ham baazi.

Glumind cu toate,
până și cu barba bunicului.

Înțelesul proverbului:
Cineva care nu ia nimic în serios și
râde de toate poate ajunge într-un necaz.
Adesea se spune acest proverb celui care
"întrece măsura" sau "sare peste cal".

Proverb românesc:
„Glumele să-ți fie cumpătate,
întocmai ca sarea în bucate."

وفاداری

Wafaa-daary

Loialitate

تو به مه، مه به تو.

Tu ba ma, ma ba tu.

Tu mie, eu ție.

Înțelesul proverbului:
Dacă îmi faci un bine, ți-l fac și eu ție.
Vom avea grijă unul de celălalt.

Proverbe românești:
„Binele cu bine se plătește.”
„Ce ție nu-ți place, altuia nu-i face.”

اغراق

Egh-raaq

Exagerare

ازکاه ، کوه نساز.

Az kaah, koh nasaaz.

Nu ridica un munte din paie.

Înțelesul proverbului:
Nu transforma ceva în mai mult
decât este. Nu exagera.

Proverb românesc:
„De multe ori din țânțar lumea face armăsar.''

امكانات

Emkaanaat

Posibilități

سر زنده باشه،
کلاه بسیار است.

Sar zenda baasha, kolaah besyaar ast.

**Dacă există viață în capul tău,
acolo sunt o mulțime de capete.**

Înțelesul proverbului:
Fiind viu, înseamnă că este posibil
să devii orice,
dacă lucrezi din greu și ai credință.

Proverb românesc:
„Unde ți-e gândul, acolo ți-e și capul."

ريا

Reyaa

Ipocrizie

روز ملنگ ، شو پلنگ.

Roz malang, shao palang.

Ziua este sfânt și noaptea tigru.

Înțelesul proverbului:
Cineva care pretinde că este un om bun,
face lucruri rele când nimeni nu-l vede.

Proverb românesc:
„Ziua se arată sfântă și noaptea îl ține
pe dracul în brațe."

مسئوليت

Massoul-iat

Responsabilitate

برف بام خوده
به بام ما ننداز.

Barf-e baam-e khod-a
ba baam-e maa nandaaz.

**Nu arunca zăpada
de pe acoperișul tău pe al nostru.**

Înțelesul proverbului:
Nu condamna pe alții pentru propriile
tale greșeli sau să încerci să pui
necazurile tale pe seama altora.

Proverb românesc:
„Beleaua lui Costache o trage Iordache."

خانه

Khanna

Casă

هرکس را وطنش
کشمیر است.

*Har kas-ra watan-ash
Kashmir ast.*

Casa fiecăruia este cașmir pentru el.

Înțelesul proverbului:
Afganii cred că ținutul Cașmirului este
Un loc minunat. Toți oamenii simt o
atașare față de casa lor și de locul
de unde au venit.

Proverb românesc:
„Tot omul e împărat în casa lui."

تلاش

Talash

Efort

تا جان بتن است،
جان بکن است.

Ta jaan batan ast, jaan bekan ast.

Cât timp trăim, ne străduim.

Înțelesul proverbului:
Viața este plină de încercări. Oamenii
trebuie să lucreze din greu pentru
a răzbate și reuși.

Proverb românesc:
„Cine are vreme să n-o piarză."

تمرين

Tamreen

Practică

بنویس، بنویس،
تا شوی خوش‌نویس.

Benawees, benawees,
taa sha-wee khosh nawees.

Scrie, scrie,
ca să devii un bun scriitor.

Înțelesul proverbului:
Dacă lucrezi din greu la ceva și exersezi,
vei deveni din ce în ce mai bun
în ceea ce faci.

Proverb românesc:
„Meșteșugul cere vreme și
învățătura răbdare."

كيفيت

Kayfeeyat

Calitate

خر تیز بهتر از
اسپ آهسته است.

Khar-e teyz behtar az asp-e aahesta ast.

**Un măgar rapid este mai bun
decât un cal lent.**

Înțelesul proverbului:
Alege ceea ce este cu adevărat mai bun,
nu ceva ce pare a fi mai bun.

Proverb românesc:
„Lemnul care se îndoiește e mai bun
decât cel care se rupe."

امید

Omeed

Speranță

پشت هر تاریکی،
روشنی است.

Pusht-e har taareekee, roshanee ast.

După fiecare întuneric vine lumina.

Înțelesul proverbului:
Timpurile rele întotdeauna trec
și lucrurile devin mai bune.

Proverbe românești:
„Tot răul e spre bine."
„După furtună vine și vreme bună."

احترام

Ehteraam

Respect

بهشت زیر پای مادران است.

Behesht zer-e paay-e maadaraan ast.

Cerul stă sub picioarele mamelor.

Înțelesul proverbului:
Mamele au un rol foarte important în lume și de aceea cerul le răsplătește. Întotdeauna trebuie să-ți respecți mama.

Proverbe românești:
„Mai mulți întreabă de mama decât de tata."
„Mama e mamă și-n mormânt."

حقيقت

Haq-ee-qat

Adevăr

آفتاب به دو انگشت پنهان نمی‌شود.

*Aaftaab ba doo angusht
pen-han na-mey-shawad.*

Soarele nu poate fi ascuns după două degete.

Înțelesul proverbului:
Nu te poți ascunde de adevăr, după cum este imposibil să ții două degete și să nu mai vezi soarele.

Proverb românesc:
„Adevărul nu-l poți ascunde în sac."

ندامت

Nedaamat

Regret

پشت آب رفته،
بیل نگیر.

Pushte aab-e rafta, bel nageer.

Nu lua o sită ca să aduci apă.

Înțelesul proverbului:
Când se întâmplă ceva rău,
nu te necăji de asta – mișcă-te,
fii dynamic!

Proverb românesc:
„A căra apa cu ciurul."

خطرناک

Khattar-naak

Periculos

تیغ را به دست
دیوانه دادن.

*Tegh-raa ba dast-e
daywaanah daadan.*

**A da un cuțit ascuțit în mâna
unui maniac.**

Înțelesul proverbului:
Este periculos să dai o mare
responsabilitate cuiva care nu este
pregătit pentru ea,
sau care vrea să abuzeze.

Proverb românesc:
„A da sabia în mâna celui nebun."

نمونه

Namuna

Părticică

مشت نمونه‌ی
خروار است.

Mosht namuna-ye kharwar ast.

**Un pumn de grâu este un exemplu
de recoltă.**

Înțelesul proverbului:
O mică particică poate ilustra felul
întregului lucru.

Proverb românesc:
„Munca arată destoinicia omului,
ca focul mirosul tămâiei.”

حد

Hud

Limită

پایت را به اندازه‌ی
گلیمت دراز کن.

*Paayat-ra ba andaaza-ye
gelemat daraaz kon.*

Întinde-ți picioarele după lungimea covorului.

Înțelesul proverbului:
Nu încerca să faci mai mult decât
poți face.

Proverb românesc:
„Întinde-te cât ține pătura.”

تعجب

Tajob

Surpriză

از آنکه نمی‌دا نی بدان.

Az aan-ke na-mey-danee bedaan.

A aștepta neașteptatul.

Înțelesul proverbului:
Fii pregătit pentru orice,
chiar pentru lucruri șocante
sau surprise.

Proverb românesc:
„Răbdarea-i mântuitoare."

بی انصافانه

Bey-ensaa-fanaa

Nedreptate

نخوردیم از آشش،
کور شدیم از دودش.

Nakhordeym az aashesh,
kor shudeym az doodesh.

Nu am mâncat supa,
Dar suntem orbiți de fum.

Înțelesul proverbului:
A face toată munca fără a primi nimic
din câștig.

De asemenea: A plăti mai mult pentru
ceva decât merită.

(*Notă:* Afganii gătesc adesea "aash," un fel de supă
de tăieței deasupra unui foc deschis.)

Proverb românesc: „Vai de omul fără noroc."

همکاری

Ham-kaaree

Cooperare

به یک گل، بهار نمی‌شه.

Ba yak gul, bahaar na –mey-sha.

O floare nu aduce primăvara.

Înțelesul proverbului:
Munca unui om de obicei nu este
de ajuns ca să termine treaba – se face
în echipă.

Deci: Nu trebuie să te mulțumești numai
pentru că s-a întâmplat ceva bun.

Proverb românesc:
„Cu o floare nu se face primăvară."

حوصله

Hawsela

Răbdare

دیر آید، درست آید.

Deyr aayad, dorost aayad.

Vine târziu, vine bine.

Înțelesul proverbului:
Mai bine este să lucrezi încet și bine
decât repede și rău.

Proverbe românești:
„Tot vine și cel ce întârzie."
„Graba strică treaba."

چانس بد

Chans-e-bad

Ghinion

آش را ناخورده،
دهن سوخته.

Aash-ra naa-khorda, dahan sokhtah.

**Fără să mănânci vreo supă
te-ai ars la gură.**

Înțelesul proverbului:
Cineva care plătește scump fără să aibă
nici un câștig.

Proverb românesc:
„Tovarășul de la sindicat a plătit și n-a
mâncat, tovarășul de la partid
a mâncat și n-a plătit."

زیبایی

Zebaa-ye

Frumusețe

گل پشت و روی ندارد.

Gul pusht wa rui na-daarad.

O floare nu are față sau spate.

Înțelesul proverbului:
Folosit în aprecierea întregii frumuseți,
delicateți sau simetrie a ceva.

Deci: Un răspuns politicos când
cineva își cere scuze că stă cu
spatele spre dumneavoastră.

Proverb românesc:
„Nu e frumos cine se ține,
ci-i frumos cui îi stă bine."

با عزم

Ba-ezm

Hotărâre

قطره قطره دریا می‌شه.

Qattra qattra daryaa mey-sha.

Râul este făcut picătură cu picătură.

Înțelesul proverbului:
Chiar efoturi mici pot avea rezultate
mari în timp. Nu renunța – lucrurile
bune ne iau timp și răbdare.

Proverb românesc:
„Donița se umple cu târâitul,
fusul cu sfârâitul."

ظرفيت

Zarfiat

Îndemânare

دو تربوز به یک
دست گرفته نمی‌شود.

*Doo tarbuz ba yak dast
gerefta na-mey-shawad.*

**Nu poți ține doi pepeni într-o
singură mână.**

Înțelesul proverbului:
Nu încerca să faci mai mult decât poți
sau ceva ce este imposibil.

Proverb românesc:
„Cine ține doi pepeni într-o mână
rămâne fără nici unul."

غلطى

Ghalatee

Greșeală

از خاطر یک کیک،
گلم را نسوزان.

Az khaater-e yak kaik,
gelem-raa na-suzaan.

Nu arde covorul pentru un purice.

Înțelesul proverbului:
Nu te impresiona de o problemă
sau să faci o mare greșeală,
acoperind-o pe una mică.

Proverb românesc:
„Pentru un purice nu pui cerga-n foc,
nici nu-ți lași casa și fugi."

هوشیار

Hoosh-yar

Deșteptăciune

طفل خورد هوشیار
بهتر از کلان جاهل.

Tefl-e khord-e hoosh-yar
behtar az kalaan-e jaahel.

**Un copil deștept este mai bun
decât un adult nebun.**

Înțelesul proverbului:
Cineva care este deștept și inteligent este
mai valoros decât cineva care este
numai puternic.

Proverb românesc:
„Mare-i puterea boului,
dar și un copil îi pune funia-n coarne."

خوشبین

Khosh-been

Optimism

دنیا با امید زنده است.

Doon-ya baa omeed zenda ast.

Lumea trăiește cu speranță.

Înțelesul proverbului:
Să ai întotdeauna speranță,
pentru că există întotdeauna speranță.

Proverb românesc:
„Viața fără nădejde îi ca noaptea fără zori.”

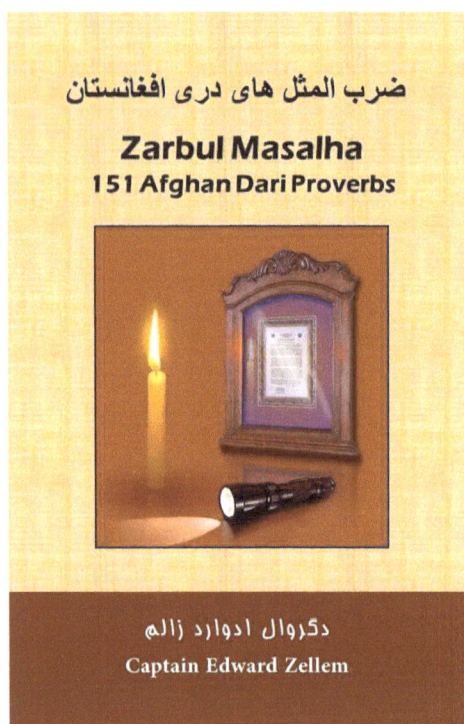

Alte traduceri "Proverbe afgane ilustrate"

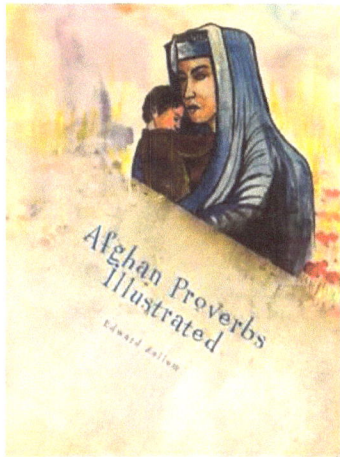

Engleză

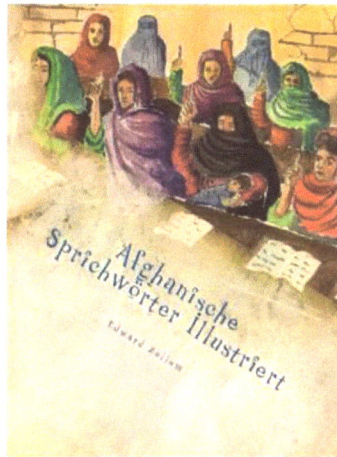

Germană

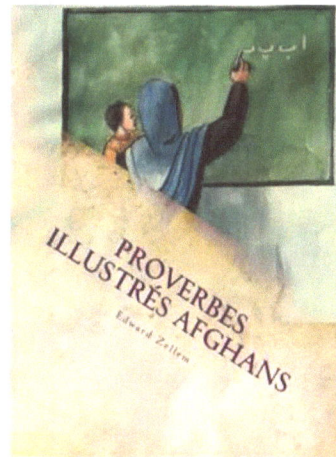

Franceză

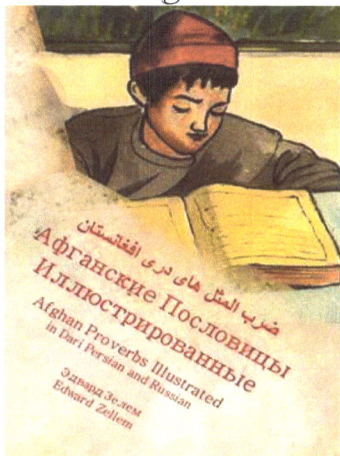

Rusă

Poloneză

Portugheză

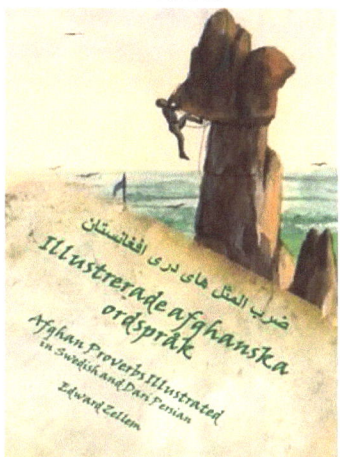

Suedeză

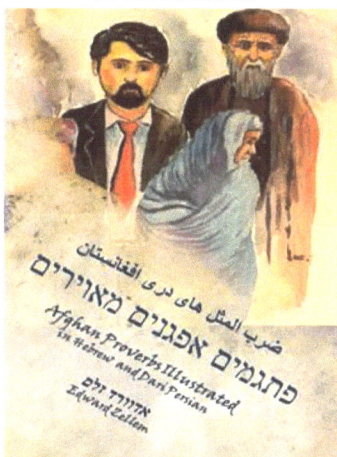

Ebraică

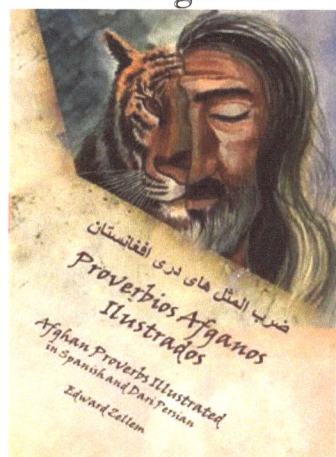

Spaniolă

Despre Autor

Comandorul Edward Zellem este un autor foarte apreciat și bine pregătit vorbitor de limbă dari care a lucrat zilnic timp de un an și jumătate cu afgani în Afganistan, timp în care un an a stat în Palatul Prezidențial al Afganistanului. Este ofițer superior activ în cadrul serviciului de Marină al Statelor Unite de 26 de ani.

În timpul șederii sale în Afganistan, comandorul Zellem a fost fascinat de felul în care afganii folosesc proverbele în conversațiile lor de fiecare zi. A început să le scrie, să le traducă și să le folosească zilnic în conversațiile sale prefesionale și personale cu afganii.

După ce elevii Liceului din Kabul au făcut ilustrațiile, a publicat prima sa colecție de proverbe intitulată: „*Zarbul Masalha: 151 Proverbe afgane în dari*", urmată de volumul complet colorat „*Proverbe afgane ilustrate*". Amândouă cărțile au fost publicate inițial în engleză și dari. Cu ajutorul altor prieteni ai Afganistanului, proverbele se traduc acum în alte limbi.

Despre Traducători

Simion Doru Cristea și **Maria João Coutinho** sunt membri activi ai Asociației Internaționale de Paremiologie de la începutul ființării acesteia. Colaborând îndeaproape cu conducerea Asociației organizează diverse activități culturale în Portugalia și Brazilia. De asemenea, amândoi sunt membri ai Centrului de Literatură de Expresie Luzofonă și Europeană a Facultății de Litere a Universității din Lisabona (CLEPUL).

Simion Doru Cristea este absolvent al Facultății de Filologie de la Universitatea Babeș-Bolyai din Cluj-Napoca, România (1987). În același centru universitar a urmat Școala de Înalte Studii Postuniversitare, specializându-se în literatura medievală, și doctoratul în Lingvistică Generală, având-l coordonator științific pe Profesorul Univ. Dr. Mircea Borcilă. A susținut prima teză de doctorat: *Funcția simbolic-mitică în textul religios. O investigare în domeniul cultic ortodox: Liturghiere și Molitfelnice din sec. XVI-XVII*, în 23 martie 2001. Cea de-a doua teză de doctorat în Filosofie: *Conceptul de enérgeia în gândirea filosofică a lui Eugenio Coseriu* a susținut-o în Lisabona, în 26 octombrie 2011. Cărți publicate : *Manifestul elevului de nota 10*, Cluj-Napoca, Editura Dokia, 2001. *Funcția simbolic-mitică în textul religios*, Cluj-Napoca, Editura Gedo, 2005. *Navegando no mar que nos navega*, Lisabona, 2005 (Navigând pe marea care ne navighează). *O homem ser falante*, Lisabona, Editura Pearlbooks, 2013 (Omul ființă vorbitoare). În timpul studenției și după terminarea facultății a participat în șase tabere de folclor regionale și naționale în România în cadrul cercului de folclor condus de folcloristul Prof. Univ. Nicolae Both.

Maria João Coutinho este licențiată în istorie, secția de Arheologie a Facultății de Litere de la Universitatea din Lisabona, Portugalia (1977). A făcut specializare postuniversitară în Paleontologie și a obținut mai multe burse de studiu în Polonia (1980), Franța (1981, 1982, 1983), Angola (1982) și Mozambic (2001, 2002, 2003). A tradus cărți din română și franceză. Este autoarea mai multor cărți de Literatură africană și organizatoarea activităților culturale ale Bibliotecii Facultății de Litere de la Universitatea din Lisabona. Investigațiile sale de paremiologie insistă asupra discursului proverbial din continentul african și din Nord-Estul Braziliei.

Dintre realizările cinematografice legate de paremiologie ale celor doi amintim: *A magia dos provérbios*, 2011 (Magia proverbelor), *Ôwe*, 2012 (ce înseamnă "proverbe" în limba yoruba), *Sem anos de solidão*, 2012 (Fără ani de singurătate), cu care au participat la Festivalul de film FESTin din Lisabona în aprilie 2013, *Trans-Missão*, 2013 (Trans-Misiune) și *Na rua do beiju*, 2013 (Pe strada sărutului dulce).

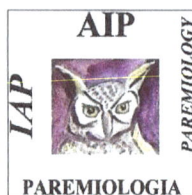

Despre AIP-IAP
Asociația Internațională de Paremiologie
(International Association of Paremiology)

Asociația Internațională de Paremiologie / International Association of Paremiology (AIP-IAP) este o instituție culturală fără scop lucrativ, cu sediul în Tavira (Algarve, Portugalia), dedicată studiului științific al proverbelor.

Fiind unica Asociație de acest fel la nivel mondial, ea vizează, între alte finalități:

- încurajarea cooperării internaționale în paremiologie și ariile științifice asemănătoare;
- stabilirea programelor de acțiune educativă cu entități oficiale publice sau particulare;
- încurajarea tinerilor cercetători pentru apărarea patrimoniului cultural imaterial;
- organizarea unor cicluri de conferințe naționale și internaționale de paremiologie;
- promovarea realizării de studii de paremiologie (studiul proverbelor).

Informații despre Asociație, despre statutul acesteia, cum se poate adera la această Asociație (AIP-IAP) precum și la activiățile realizate de la începutul existenței ei se găsesc la adresa www.aip-iap.org. Pentru importanța ei în contextul internațional evidențiem realizarea Colocviilor Interdisciplinare despre Proverbe (ICPs) – www.colloquium-proverbs.org.

Calitatea și cantitatea intervențiilor publice ale AIP-IAP, precum și a operelor publicate sunt bine cunoscute și recunoscute de specialiști în tematica proverbială, adică de paremiologi și frazeologi de renume mondial. Acest dinamism în culegerea, păstarea și difuzarea patrimoniului cultural imaterial au determinat Primăria Municipiului Tavira (CMT) și Fundația pentru Știință și Tehnologie (FCT) să susțină inițiativele Asociației (AIP-IAP).

Alte instituții culturale au colaborat cu AIP-IAP precum Centrul Național de Cultură din Lisabona, Secretariatul de Stat pentru Cultură – Direcția Regională a Culturii din Algarve și UNESCO, care ne-au onorat cu patronajul onorific oferit.

Artiștii cărții
"Proverbe afgane ilustrate"

Secția de artă a Liceului Marefat
Kabul, Afganistan

(De la drepta la stânga – primul rând): **Sher Ali Hussaini, Najibullah, Salim, Ali Yasir, Qodratullah, Reza, Ehsan și Hadi Rahnaward**

(De la dreapta la stânga – rândul al doilea): **Hamid Fidel, Zainab Haidari, Tahira Jafari, Tahira Mohammadi, Fatima Rezayi, Amena Noori și Najiba**

فهرست Index

Adevăr	46	Haq-ee-qat	حقیقت
Alfabetul dari	1	Alfabaa Dari	الفبا درى
Calitate	40	Kayfeeyat	کیفیت
Caracter	14	Shakh-seeyat	شخصیت
Casă	34	Khanna	خانه
Cooperare	60	Ham-kaaree	همکارى
Creativitate	16	Aa-fareen-enda	آفریننده
Deşteptăciune	74	Hoosh-yar	هوشیار
Educaţie	8	Tahseel	تحصیل
Efort	36	Talash	تلاش
Egalitate	12	Baraa-baree	برابرى
Exagerare	26	Egh-raaq	اغراق
Frumuseţe	66	Zebaa-ye	زیبایى
Ghinion	64	Chans-e-bad	چانس بد
Greşeală	72	Ghalatee	غلطى
Hotărâre	68	Ba-ezm	با عزم
Ipocrizie	30	Reyaa	ریا
Îndemânare	70	Zarfiat	ظرفیت
Înşelăciune	20	Tazweer	تزویر
Limită	54	Hud	حد
Loialitate	24	Wafaa-daary	وفادارى
Nedreptate	58	Bey-ensaa-fanaa	بى انصافانه
Ocazie	2	Forsat	فرصت
Optimism	76	Khosh-been	خوشبین
Părticică	52	Namuna	نمونه
Periculos	50	Khattar-naak	خطرناک
Posibilităţi	28	Emkaanaat	امکانات
Practică	38	Tamreen	تمرین
Prostesc	22	Abla	ابله
Puternic	10	Qa-wee	قوى
Răbdare	62	Hawsela	حوصله
Recunoştinţă	4	Qadr-danee	قدر دانى
Regret	48	Nedaamat	ندامت
Respect	44	Ehteraam	احترام
Responsabilitate	32	Massoul-iat	مسئولیت
Speranţă	42	Omeed	امید
Succes	6	Mowafaq	موفق
Surpriză	56	Tajob	تعجب
Toleranţă	18	Tah-mal	تحمل

www.ingramcontent.com/pod-product-compliance
Lightning Source LLC
Chambersburg PA
CBHW042005080426
42733CB00003B/18